마법의 두루마리 ③

거북선이여, 출격하라!

글 강무홍 | 그림 이정강
감수 노영구

햇살과나무꾼

차례

1. 기분 나쁜 눈빛 - 9
2. 참을 수 없는 유혹 - 19
3. 낯선 병사들 - 29
4. 쉿! - 43
5. 나는 조선의 척후병이다 - 55

거북선이여, 출격하라!

6. 아, 장군님! – 67

7. 함대, 앞으로! – 83

8. 꿈틀거리는 모래시계 – 97

9. 나무에서 떨어진 아이 – 105

부록 | 준호의 역사 노트 – 114

마법의 두루마리를 펼치기 전에

 역사학자인 아빠를 따라 경주의 작은 마을로 이사를 온 준호와 민호는 새집을 둘러보다 지하실을 발견한다. 그곳에 쌓여 있는 오래된 두루마리를 우연히 펼쳐 본 둘은 그만 과거 속으로 빨려 들어가고 만다.
 마법의 두루마리는 준호와 민호를 석기 시대로, 고려 시대 개경의 시장으로 데려간다. 과거에서 아슬아슬한 모험을 하는 동안 둘은 현실의 시간은 흐르지 않는다는 놀라운 사실을 알게 된다. 또 과거에 머무를 수 있는 시간이 다하면, 두루마리 밖으로 빠져나왔던 모래시계가 다시 두루마리로 들어간다는 것도 발견한다. 두루마리의 신비한 힘에 이끌린 준호와 민호는 마법의 두루마리에 대해 더 알아보기로 마음먹는데…….

1. 기분 나쁜 눈빛

도대체 어떻게 그런 일이 가능한 걸까?

준호는 아무래도 믿기지 않았다.

지하실과 마법의 두루마리 그리고 신기한 모래시계에 이르기까지 현실에서는 도저히 일어날 수 없는 일이 눈앞에서 버젓이 벌어지고 있었다.

과연 두루마리에 있는 모래시계 그림이 자신들이 과거에서 보았던 그 모래시계가 맞는 걸까? 그렇다면 모래시계는 대체 어떻게 두루마리에서 빠져나왔다가 그 작은 구멍 속으로 다시 들어간 걸까?

지하실에서 과거로의 모험이 거듭될수록 준호의 궁금증

은 점점 커져만 갔다.

　민호 역시 궁금증과 호기심이 눈덩이처럼 불어나고 있었다. 그리고 그에 비례해서 바지 주머니도 점점 불룩해졌다. 과거에서 모험을 하다 보면 언제 무엇이 필요할지 모른다며 거울이며 주머니칼, 장난감 동전 따위를 주머니에 집어넣었기 때문이다. 그 바람에 민호의 주머니가 불룩해졌다.

　"야, 제발 좀 그만 집어넣어! 그러다 엄마가 수상하게 생각하면 어쩌려고 그래?"

　준호가 주의를 주었지만, 민호는 눈 하나 깜짝하지 않았다.

　"괜찮아, 형. 엄만 원래 뭐든지 수상하게 생각하는걸. 그러다가 금방 까먹잖아. 엄만 너무 바빠서 계속 수상하게 생각할 겨를이 없다니까."

　사실 그랬다. 엄마는 준호와 민호가 뭔가 꿍꿍이를 꾸미고 있다는 것을 어렴풋이 눈치챘지만, 민호 말대로 계속 수상하게 생각하기에는 너무 바빴다. 이삿짐 정리하랴, 이사 왔다고 마을 어른들께 인사하랴, 경주에 있는 환경 운동 단체에 다녀오랴, 엄마는 할 일이 태산 같았다.

게다가 엄마는 두 아이의 그런 행동을 그다지 싫어하지 않았다. 낯선 곳에 이사를 왔는데도 뭔가 둘만의 비밀을 만들었다는 것은 그만큼 이곳에 빨리 마음을 붙인 것이라고 생각했기 때문이다. 무엇보다 엄마는 준호와 민호가 엄마 아빠 몰래 위험한 짓을 하지는 않을 것이라고 굳게 믿고 있었다.

그러나 천만에!

이제껏 한 번도 엄마 아빠를 속인 적이 없는 준호조차 마법의 두루마리만큼은 부모님이 모르게 하려고 기를 쓰고 있었다. 누군가에게 들키는 순간, 이 매혹적인 마법의 여행은 그대로 끝날 것 같았기 때문이다.

그런 조바심 때문일까. 준호는 호기심이 커져 갈수록, 지하실과 마법의 여행에 빠져들수록 막연한 불안감에 사로잡혔다.

'이러다 누군가에게 들키지 않을까…….'

이사 온 지 사흘째 되던 날, 준호는 저녁을 먹다 말고 무심코 머리를 흔들었다. 초조하고 불안한 마음을 떨쳐 내기 위해서였다. 그러다 문득 이상한 느낌이 들었다.

누군가 자신을 보고 있었다.

아빠였다.

"밥 먹다 말고 무슨 생각을 하는 거냐?"

아빠가 검은 뿔테 안경 너머로 물끄러미 준호를 쳐다보며 물었다.

민호가 밥상 밑에서 발로 툭 찼다.

'형, 뭐 해! 형 때문에 다 들통나겠어!'

민호가 고개를 숙인 채 눈을 부라렸다.

아빠는 그게 더 수상쩍어 보였다.

"민호는 형한테 뭐라는 거냐?"

민호는 화들짝 놀랐다.

아빠의 눈길이 준호와 민호의 얼굴을 날카롭게 훑었다.

준호는 당황해서 아무 말도 못했다.

그러자 민호가 나섰다.

"형, 숙제 때문에 그러지? 어제 숙제 한다고 그랬잖아. 지하실에서……."

뭐, 지하실!

이번에는 준호가 화들짝 놀랐다. 준호는 아무 말도 못하고 눈만 휘둥그레졌다.

그때 현관에서 누군가 부르는 소리가 났다.

"아줌마!"

웬 여자아이 목소리였다.

엄마가 현관으로 나가더니 뒤이어 말소리가 들렸다.

"어머, 웬 호박죽이니? 맛있겠다!"

민호가 궁금해서 내다보았지만, 엄마 엉덩이 때문에 여자아이의 얼굴이 보이지 않았다. 민호는 자리에서 일어나 슬며시 엄마 곁으로 다가갔다.

이사 오던 날, 이 집에 얽힌 비밀에 대해 이야기했던 그 여자아이였다.

이내 민호와 여자아이의 눈이 마주쳤다. 여자아이가 눈을 반짝이며 민호를 보았다. 고개를 쭉 빼고 있던 준호도 여자아이와 눈이 마주쳤다.

'어…….'

준호는 자기도 모르게 움찔했다. 여자아이는 뭔가를 알고 있는 듯한 눈빛이었다.

준호는 왠지 불쾌한 기분이 들어 여자아이의 눈길을 피했다.

여자아이의 입가에 알 듯 모를 듯한 미소가 희미하게 떠올랐다. 역시 기분 나쁜 웃음이었다.

엄마가 호박죽을 부엌으로 가져가며 말했다.

"얘들아, 인사해. 옆집에 사는 수진이야."

아이들은 말없이 서로 바라보기만 했다. 엄마가 부엌으로 가는 소리, 냉장고 문을 여닫는 소리가 이어질 동안 잠시 어색한 침묵이 흘렀다.

"수진아, 엄마한테 고맙다고, 잘 먹겠다고 전해 줘."

엄마가 쟁반에 사과를 담아 건네며 말했다.

"네, 안녕히 계세요."

여자아이가 인사를 꾸뻑했다. 그러나 숙인 고개 밑으로

여자아이의 눈이 의미심장하게 빛났다.

　민호는 아무렇지도 않게 '뭐?' 하는 얼굴로 되받았지만, 준호는 왠지 그 눈빛이 찜찜하고 거북했다. 자신의 속을 훤히 들여다보는 듯한 기분 나쁜 눈빛이었다.

2. 참을 수 없는 유혹

준호는 아무래도 여자아이의 눈빛이 마음에 걸렸다. 딱히 이렇다 할 근거가 있는 것은 아니었다. 어쩌면 자신의 막연한 불안감을 그 여자아이 탓으로 돌리고 있는지도 몰랐다.
 '어쨌든 조심해야 돼. 엄마도, 아빠도, 그리고 수진이라는 그 여자아이도…….'
 준호는 마음속으로 그렇게 다짐했다.
 하지만 어떤 아이도 신나는 모험을 눈앞에 두고 모른 척하기란 쉽지 않다. 준호도 예외는 아니었다. 아니, 무엇이든 한번 빠지면 헤어나지 못하는 준호 같은 경우가 오히려 더 위험한지도 모른다.

　그 점을 누구보다 잘 알고 있는 것이 바로 민호였다.

　"형, 지하실에 있는 두루마리에 진짜로 모래시계가 그려져 있는지 궁금하지 않아? 지금 두루마리 속에 모래시계가 있는지 궁금하지도 않냐고?"

　준호는 다시 마음이 흔들렸다. 조심해야겠다던 조금 전의 다짐은 온데간데없이 사라지고, 호기심과 두려움이 뒤섞인 마음이 고개를 쳐들었다. 지하실로 내려가 보고 싶은 마음이 굴뚝 같았다. 그 모래시계가 과연 지금도 두루마리 속에 있는지 직접 눈으로 확인하고 싶었다.

　민호가 그 틈을 놓치지 않고 준호를 꼬드겼다.

　"형, 우리 내려가서 살짝 보고만 오자. 과거 속으로 들어가지는 말고."

　사실 말도 안 되는 이야기였다. 두루마리를 펼치는 순간 과거로 순간 이동을 하게 되는데, 그냥 펼쳐 보기만 하고 오다니?

그런데도 준호의 마음은 이 말도 안 되는 유혹에 이미 넘어가 있었다.

'그냥 보기만 한다고……?'

준호는 슬며시 마음속에서 여자아이의 눈빛과 엄마 아빠에 대한 걱정 따위를 밀어내며 말했다.

"…… 그럴까?"

그 말이 끝나기가 무섭게 둘은 한달음에 지하실로 뛰어 내려갔다.

지하실은 여전히 서늘하고 신비로웠다. 뭔가 알 수 없는 기운이 끌어당기는 듯한 것도 그대로였고, 어둠에 휩싸인 것도 그대로였다.

준호는 의식을 치르듯 떨리는 마음으로 어둑어둑한 지하실 끝으로 나아갔다. 오늘따라 발소리가 유난히 크게 울렸다.

이내 희뿌연 빛줄기가 들이치는 지하실 끝에 이르러, 책더미 사이의 좁은 틈으로 들어갔다.

준호는 낡은 골방 문과 용머리 모양 손잡이를 바라보았다. 그러고는 익숙한 손길로 빗장을 풀고 문을 밀었다.

끼익.

귀에 익은 소리와 함께 낡은 문이 열리며 푸르스름한 어둠이 두 아이를 맞이했다.

민호는 책장 위로 손을 뻗어 재빨리 두루마리 하나를 집었다.

"형, 이걸 펴 보자."

어둠 속에서 민호의 눈이 반짝였다.

준호는 민호가 내민 두루마리를 손끝으로 더듬어 보았다. 작고 오돌토돌한 팻말, 보드라운 비단 끈과 부들부들한 두루마리의 감촉이 손끝으로 전해져 왔다.

준호는 가슴이 뛰었다. 둘만의 비밀 장소인 지하실도 좋고 과거 속으로 들어가 모험을 벌이는 것도 좋았지만, 무엇보다 두루마리의 부들부들한 감촉과 오래된 물건 특유의 냄새에 마음이 끌렸다. 역사의 숨결이 묻어 있는 냄새와 감촉. 준호는 그런 것이 좋았고, 그것들을 보면 가슴이 뛰었다.

'만약 아빠가 이 두루마리들을 알게 되어 박물관에 기증한다면……'

상상만으로도 끔찍했다. 준호는 마법의 두루마리를 잃고 싶지 않았다. 영원히 자신들만의 것으로 간직하고 싶었다. 그러면 둘의 여행도 끝없이 계속될 것이다.

민호가 재촉하듯이 말했다.

"형, 빨리 펴 보자. 모래시계가 있는지 없는지!"

민호는 준호의 대답을 기다리지 않고 비단 끈을 풀었다. 그러고는 두루마리를 아주 살짝 펼쳤다.

놀랍게도 두루마리 가장자리에는 모래시계 그림이 있었다. 아주 작지만 모래시계 모양의 그림이 또렷이 그려져 있었다.

"있다, 있어, 형! 모래시계 그림이 있어!"

민호가 흥분해서 소리쳤다.

준호는 숨이 막혔다. 과연 모래시계는 거기 있었다. 도대체 어떻게 그 올록볼록한 모래시계가 저렇게 평평한 지도에 들어 있을 수 있단 말인가?

준호는 그 거짓말 같은 진실을 확인하기 위해 손을 뻗었다. 하지만 모래시계 그림을 만지려는 순간, 갑자기 두루마리에서 푸르스름한 빛이 스멀스멀 새어 나오더니 두루마리가 꿈틀꿈틀 움직였다. 마법의 힘이 작동하기 시작한 것이다.

"앗, 얼른 닫아!"

준호가 다급하게 소리쳤다. 하지만 이미 늦었다.

"어, 형, 안 돼! 두루마리가 말을 안 들어!"

민호는 두루마리를 붙들고 어떻게든 다시 말아 보려고 애를 썼지만, 마법의 두루마리는 말리기는커녕 오히려 더 강한 힘으로 스르르 펼쳐지며 눈이 멀 듯한 푸른빛을 내뿜었다.

"아아아아악!"

비명 소리와 함께 아이들은 다시 감쪽같이 사라졌다.

지하실에는 마치 아무 일도 없었다는 듯 기분 나쁜 침묵만이 가득 고여 있었다.

3. 낯선 병사들

그곳은 어느 바닷가에 있는 산등성이였다. 발아래로 푸른 바다와 섬들이 펼쳐져 있고, 커다란 배들이 정박해 있는 해안에는 낯선 사람들이 분주히 오가고 있었다. 등 뒤로는 봉긋한 산이 병풍처럼 둘러쳐져 있었다.

준호와 민호는 주위를 둘러보다가 서로에게 물었다.

"어, 바다네? 여기가 어디지?"

그때 준호 뒤쪽의 동백나무 수풀 밑에 떨어져 있는 누런 두루마리 자락이 보였다. 민호는 그 옆에 있는 눈에 익은 보랏빛 물체에 눈길이 꽂혔다. 그 물체는 새끼줄로 엮은 작은 망태 위에 떨어져 있었는데, 마치 '나야, 나!' 하고 민호를 부르고 있는 것 같았다.

"앗, 모래시계다!"

민호는 반가운 마음에 냉큼 모래시계를 집었다. 준호도 돌아서서 두루마리를 집어 들었다. 민호는 모래시계 밑에 있던 망태도 어깨에 비스듬히 걸쳐 멨다.

준호가 어이없다는 듯이 물었다.

"그건 또 왜?"

"혹시 필요할지도 모르잖아."

준호는 괜한 짓을 했다가 곤경에 빠질까 봐 걱정스러웠다.

"그러다 주인이 찾으러 오면 어떡하려고?"

"아냐, 누가 버린 걸 거야. 혹시 필요할지도 모르잖아. 형, 어때, 멋있지 않아?"

민호는 뿌듯한 얼굴로 망태를 툭툭 쳤다.

준호는 온갖 잡동사니가 잔뜩 들어 있는 민호의 불룩한 주머니와 망태를 번갈아 보고는 못 말리겠다는 듯이 고개를 절레절레 저었다.

민호는 모래시계를 요리조리 살펴보다 탄성을 질렀다.

"이야, 그대로다, 형! 나무 기둥 장식도 그대로고, 보랏빛 모래도 그대로야. 반갑다, 모래시계야!"

민호는 마치 모래시계가 사람이기라도 한 것처럼 말을 걸었다.

고려 시대 때 모래시계가 날아올라 두루마리에 박히는 광경을 목격했기 때문일까? 준호의 눈에도 모래시계는 꼭 살아 있는 생명체처럼 보였다.

준호는 두루마리를 펼치고 모래시계 자리를 살펴보았다. 역시 모래시계가 그려져 있던 자리에 지금 눈앞에 있는 모래시계와 똑같이 생긴 구멍이 나 있었다.

'도대체 이 두루마리와 모래시계는 어떤 관계일까?'

준호는 두루마리의 구멍과 모래시계를 내려다보며 잠시 생각에 잠겼다.

그때 모래시계를 살펴보던 민호가 신기한 듯 소리쳤다.

"이것 좀 봐, 형. 모래시계에서 모래가 흘러내리고 있어!"

"어디 봐."

준호는 자기도 모르게 민호의 손에서 모래시계를 낚아챘다. 민호 말대로 모래시계에서 고운 보랏빛 모래가 실처럼 가느다랗게 흘러내리고 있었다. 모래 알갱이가 작은 데다 아주 천천히 흘러내리고 있어서, 얼핏 보면 흘러내리는지 어떤지 알아차리기가 쉽지 않았다. 하지만 더디긴 해도 모래는 분명히 흘러내리고 있었다.

준호는 머리카락이 쭈뼛 섰다. 알 수 없는 신비감과 기묘한 느낌이 온몸을 감쌌다.

"이 모래시계는……."

준호는 숨을 꿀꺽 삼켰다.

"아무래도 시간을 알려 주는 것 같아."

민호가 대뜸 물었다.

"시간을 알려 준다고? 무슨 시간?"

준호는 눈을 가느다랗게 뜨고 떨리는 목소리로 말했다.

"과거에 머물 수 있는 시간, 즉 과거를 여행할 수 있는 시간 말이야. 아마 이 모래가 다 흘러내리면, 현실로 돌아가는 걸 거야. 두루마리의 지도가 이곳이 어디인지를 알려 준다면, 모래시계는 이곳에 머물 수 있는 시간을 알려 주는 거지."

민호는 준호의 손에서 모래시계를 다시 빼앗아 흘러내린 모래의 양을 살펴보았다. 아직은 바닥에 모래가 조금밖에 흘러내리지 않았다.

"그럼 아직 한참 동안 여기 있을 수 있겠다, 형!"

민호는 신기한 듯 모래시계를 요리조리 돌려 보았다. 얼굴에는 '이제 이 모래시계는 내 거야.' 하는 표정이 뿌듯하게 떠올라 있었다.

민호가 모래시계에 정신이 팔려 있는 동안, 준호는 두루마리를 펼치고 찬찬히 들여다보았다. 두루마리에는 우리나라 지도가 그려져 있었다. 작은 지도에 압록강이 있는 곳까지 국경선*이 그려져 있는 것으로 보아 조선 시대의 지도 같았다. 큰 지도에는 남해의 섬들이 그려져 있고, 여러 가지 기호들이 표시되어 있었다.

준호가 말했다.

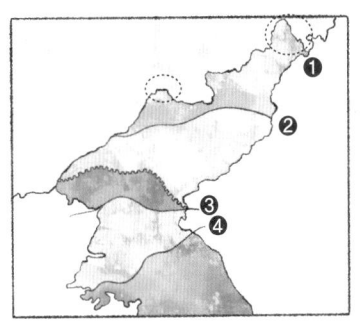

* 국경선

우리나라는 시대에 따라 국토의 모양이 달랐다. 그래서 국경선만 보아도 대략 어느 시대인지를 분간할 수 있다. 현재의 국경선은 조선 시대에 이루어진 것이다.

① 조선 세종 때 ② 고려 공민왕 때
③ 고려 건국 초 ④ 삼국 통일 직후

"민호야, 우리는 지금 조선 시대로 온 것 같아. 아직 정확히 어딘지는 모르겠지만, 저 앞에 보이는 바다는 남해인 것 같고……."

그때 어디선가 왁자한 소리가 들려왔다.

준호와 민호는 후다닥 나무 수풀 뒤로 숨었다. 그리고 얼른 망태 속에 두루마리를 집어넣었다. 민호 말대로 망태가 제법 쓸모가 있었다. 이렇게 넣어 두면 남의 눈에 띄지도 않고 잃어버릴 염려도 없다.

잠시 뒤 칼을 찬 사내 뒤로 한 무리의 낯선 병사들이 왁자지껄 떠들며 떼를 지어 올라왔다. 병사들 중에는 총을 든 사람도 있고, 칼을 찬 사람도 있었다. 그리고 그들 뒤로 또 한 떼의 사람들이 돌을 지고 헉헉대며 산길을 올라왔다.

준호와 민호는 숨을 죽이고 지켜보았다.

"하야쿠!(빨리!)"

앞쪽에서 우두머리인 듯한 사내가 소리치자 병사들이

일제히 고함을 질러 대며 돌을 지고 가는 사람들을 다그쳤다.

우두머리의 칼날이 햇빛에 번쩍였다. 알아들을 수 없는 말을 하며 칼을 휘두르는 사람. 준호는 그들이 우리나라 사람이 아님을 깨달았다.

철 미늘 같은 것이 수없이 달린 갑옷, 앞머리를 밀고 뒤쪽에서 하나로 묶은 머리, 세모난 고깔모자를 쓰고 긴 칼을 찬 병사들. 준호는 언젠가 역사책에서 그런 모습의 사람들을 본 적이 있었다.

"형, 방금 들었어? 우리나라 말이 아니잖아. 여긴 어디야? 형이 아까 조선 시대라고 했잖아!"

"쉿!"

준호는 조용히 하라고 손짓하고는 다시 지도를 들여다보았다.

"분명 조선 시대가 맞는데. 아까 그 사람들은 일본군 같아. 왜군 말이야."

"뭐?, 그럼 왜군이 쳐들어온 거야?"

민호가 묻는 순간, 준호는 등골이 오싹했다. 어쩌면 자신들은 전쟁터 한복판에 떨어진 건지도 몰랐다.

"형, 저 사람들 쫓아가 보자!"

민호의 말에 준호는 펄쩍 뛰었다.

"안 돼! 칼 들고 있는 거 안 보여?"

그러고는 재빨리 주위를 둘러보며 속삭이듯 말했다.

"민호야, 이번엔 정말 조심해야 돼. 만약 일본군이 쳐들어온 거라면, 임진왜란* 같은 큰 전쟁이 터진 건지도 몰라. 우리는 지금 전쟁터에 떨어진 거야. 서로 죽고 죽이는 전쟁터. 잘못했다간 쥐도 새도 모르게 죽을 수가 있다고."

하지만 민호는 막무가내였다.

* 임진왜란
일본을 통일한 도요토미 히데요시는 중국을 정복하겠다는 야심을 품고 중국으로 가는 길목에 있는 조선을 침공할 계획을 세웠다. 그는 많은 군사를 모아 병법과 무예를 갈고닦게 하고, 무기를 정비하였으며, 군량미를 모았다. 그리고 마침내 임진년인 1592년 4월, 아홉 차례에 걸쳐 20여 만 명의 군사를 부산으로 보내 침략 전쟁을 일으켰다. 기록에 따르면 당시 부산 앞바다는 일본군의 배로 수평선이 새까맣게 뒤덮였다고 한다.

"칼 들고 있으면 어때. 형이 그랬잖아. 모래시계의 시간이 다 되면 우리는 여기서 빠져나간다고. 그때까지 들키지만 않으면 되지. 일단 저 사람들이 무슨 짓을 하는지 좀 봐야겠어. 우리나라가 위험에 빠졌다면 우리도 도와야지!"

하긴 민호의 말도 일리가 있었다. 게다가 여기 숨어 있다고 해서 안전하리란 보장도 없었다. 무엇보다 저들이 일본군이 맞는다면 무슨 짓을 하는지, 조선군은 어디에 있는지, 어디가 안전한지 알아 둘 필요가 있었다.

결국 준호는 민호를 따라 일본군들이 올라간 길을 몰래 쫓아갔다.

일본군들은 누군가 자신들의 뒤를 쫓는 것도 모르고 부지런히 산길을 올랐다. 험준한 산등성이 곳곳에 비슷한 차림의 병사들이 숨어서 바다 쪽으로 총구를 겨누고 있었다. 꼭대기 쪽으로 올라갈수록 붉고 흰 깃발이 어지럽게 꽂혀 있었다. 산꼭대기 부근에서는 집을 짓거나 성을 쌓

으려는 듯 수많은 사람들이 흙을 나르고 돌을 깨면서 분주히 움직였다.

"형, 저 깃발들 좀 봐! 저게 뭐지?"

민호는 동백나무 수풀 뒤에 숨어 장막과 수많은 깃발들에 눈을 빼앗긴 채 물었다. 그러더니 무심코 몸을 내밀고는 그쪽으로 서너 걸음 나아갔다.

"안 돼! 더 이상 가지 마! 그러다 들켜!"

준호가 놀라서 민호를 잡아끌었다.

그 순간 민호의 발밑에서 돌멩이 하나가 골짜기로 투다닥닥 굴러 떨어졌다.

앞서가던 일본군이 뒤를 돌아보며 소리쳤다.

"다레다!(웬 놈이냐!)"

준호와 민호는 그만 그 자리에 얼어붙고 말았다.

4. 쉿!

눈매가 날카로운 일본군의 우두머리가 조총*을 든 병사를 가로막더니 자신의 칼을 휙 빼 들었다. 챙 하고 날카로운 쇳소리가 허공을 갈랐다.

준호와 민호는 숨이 막혔다.

우두머리 사내가 칼을 든 채 한 발 두 발 갔던 길을 되

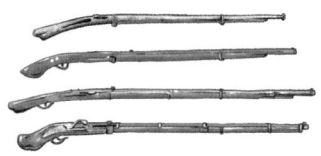

* **조총**

창과 활을 주로 썼던 조선군과 달리, 16세기부터 서양 문물을 접한 일본군은 서양에서 들여온 조총을 썼다. 조총은 사정거리가 50미터밖에 되지 않아 활보다 짧았다. 하지만 총을 쏠 때 엄청나게 큰 소리가 났기 때문에 조총을 처음 본 조선 군사들은 천둥소리가 난다며 두려워했다. 일본군은 조총 부대가 총을 쏘아 조선군이 혼비백산하면 활 부대와 창 부대, 칼 부대가 차례로 달려 나와 공격했다.

짚어 왔다. 그 뒤로 일본군 서넛이 칼을 빼 들고 우두머리 사내를 엄호하며 다가오고 있었다.

 준호와 민호가 서 있는 곳에서 일본군이 있는 길까지는 불과 10여 미터. 휘어진 길 덕분에 준호와 민호는 동백나무 수풀에 가려 보이지 않았지만, 예리한 사무라이의 감각을 비껴갈 수는 없을 것 같았다.

 준호와 민호는 가슴이 오그라드는 것만 같았다. 잡히면 저 칼에 그대로 끝장나고 말 것이다.

 우두머리 사내는 예리한 눈으로 길 양옆을 주시하며, 칼을 겨눈 채 준호와 민호 쪽으로 점점 더 가까이 다가왔다.

 이제 사내와 아이들 사이는 불과 서너 발짝.

 사내가 한 발만 더 내디디면, 휘어진 길을 따라 준호와 민호가 마주보이는 곳으로 들어서게 된다.

 준호와 민호는 눈을 질끈 감았다. 심장이 쿵쾅거리는 소리가 사내에게까지 들릴 것 같았다.

 그때였다.

파드득!

골짜기를 사이에 두고 준호와 민호가 있는 곳 건너편에서 뭔가가 움직이는 소리가 났다.

일본군의 우두머리가 바람처럼 가볍게 그쪽으로 몸을 돌렸다. 매 한 마리가 날아가는 모습이 보이더니, 뒤이어 투두둑 하고 돌멩이 구르는 소리가 들렸다.

"앗치다!(저쪽이다!)"

우두머리 사내와 그 뒤를 따르던 일본군들이 일제히 소리가 난 쪽으로 달려갔다.

우두머리 일행이 멀어지자, 준호와 민호는 그 자리에 스르르 주저앉았다. 너무 긴장한 나머지 다리에 힘이 하나도 없었다.

준호는 허공을 가르던 칼 소리와 숨통을 조이듯 다가오던 일본군들의 발소리를 떠올리고는 길게 한숨을 내쉬었다.

후우.

마치 천 년의 시간이 흐른 것만 같았다.

그러나 한숨을 다 내쉬기도 전에 누군가 준호와 민호의 입을 틀어막았다.

"우웁!"

준호와 민호는 빠져나오려고 몸부림쳤지만, 정체를 알 수 없는 억센 손은 아이들의 입을 틀어막은 채 덤불숲으로 아이들을 끌어당겼다. 쥐도 새도 모르는 사이에 벌어진 일이었다.

민호는 사내의 억센 팔에 갇힌 채 발버둥 치며 '놔! 놔!' 하고 소리치듯 눈을 부라렸다. 하지만 그럴수록 사내의 손과 팔은 더욱 그악스럽게 민호의 몸과 입을 조여 왔다.

준호는 눈을 크게 뜨고 자신들의 입을 틀어막고 있는 사내를 보았다.

이 사람은 대체 누구일까? 적일까, 아니면 우리 편일까?

"쉿!"

사내가 턱짓으로 일본군들 쪽을 가리켰다. 아직 소리를 내기에는 일본군들과의 거리가 너무 가깝다는 뜻 같았다. 그렇다면 이 사내는 일본군은 아니란 말일까?

준호는 재빨리 청년을 훑어보았다.

하얀 머리띠와 검게 그을린 얼굴, 넓적한 턱과 빛나는 검은 눈동자, 우뚝한 콧날. 그리고 아직 상투를 올리지 않은 긴 머리와 하얀 무명옷.

영락없는 조선 청년의 모습이었다.

사내는 여전히 아이들의 입을 틀어막은 채 고개를 빼고

일본군의 움직임을 살폈다. 그러고는 일본군들이 건너편 골짜기 너머로 사라지자 "너희를 구하려는 거다. 그러니 소리 내지 말고 조용히 있거라!" 하고 속삭였다.

청년은 준호의 입을 풀어 주고 나서 나지막이 말했다.

"이리로!"

청년은 민호의 입을 틀어막고 품에 안은 채 준호에게 따라오라고 손짓했다.

준호는 자신을 믿어 준 청년에게 보답이라도 하듯 청년이 시키는 대로 조용히 움직였다. 하지만 청년의 품에 갇힌 민호는 급기야 흰자위를 희번덕거리며 세차게 몸부림쳤다. 그 바람에 청년은 민호의 발에 옆구리를 걷어차이고 말았다.

"윽!"

청년은 몹시 고통스러운 듯 나지막이 신음 소리를 냈다.

민호는 그 틈을 타서 다시 한 번 세차게 몸부림을 치며 청년의 품에서 빠져나왔다.

청년은 맥없이 바닥에 주저앉아 고통스러운 표정을 지었다.

"아저씨, 괜찮으세요?"

준호는 놀라서 청년에게 달려갔다. 민호도 씩씩대며 청년을 내려다보았다. 그 순간 청년의 허벅지 뒤쪽에 핏물이 흥건히 배어 있는 것이 보였다.

준호는 순간 가슴이 철렁했다.

"다, 다리에 피가……."

그러자 청년이 주위를 둘러보며 다급하게 말했다.

"좀 부축해 다오. 어서 여기서 피해야 돼."

이것저것 따질 때가 아니었다. 일본군에게 발각되면 청년은 물론이고 준호와 민호의 목숨도 위태로웠다.

준호는 재빨리 청년의 겨드랑이 밑으로 머리를 넣고 청년의 팔을 자신의 어깨에 걸쳤다.

"민호야, 너도 어서 도와!"

민호는 방금 전까지 자신을 붙잡고 있던 청년한테 몹시 화가 나 있었다. 청년과 한편이 되어 손발을 척척 맞추는 준호한테도 화가 났다. 하지만 지금은 화를 낼 상황이 아닌 것 같았다.

민호는 부루퉁한 얼굴로 망태를 고쳐 메고는 청년을 부축했다.

"저기 산울타리 쪽으로 가자."

준호와 민호는 청년이 가리키는 곳으로 내려갔다. 곳곳에 일본군들이 숨어 있기 때문인지, 청년은 평탄한 길로 가지 않고 꼬불꼬불하고 험한 길만 골라서 갔다. 가면서 보니까 마을 곳곳에서 연기가 피어오르고 매캐한 냄새가 났다.

마침내 산모퉁이를 돌아 작은 언덕을 넘자, 전혀 집이 있을 것 같지 않은 곳에 작은 초가집이 보였다.

준호와 민호는 청년을 부축한 채 헉헉대며 초가집으로 들어섰다.

그 순간 아이들은 입을 벌린 채 넋을 잃고 말았다. 싸리나무 울타리로 둘러싸인 마당에 웬 할아버지의 시체가 널브러져 있었다. 그 옆에는 엎어진 밥상과 그릇들, 빗자루와 광주리, 하얀 쌀알이 피로 물든 시체와 뒤엉켜 있었다.

털썩.

준호와 민호는 온몸을 사시나무 떨듯 떨며 그 자리에 주저앉았다.

5. 나는 조선의 척후병이다

준호와 민호는 비명을 지르고 싶었다. 하지만 비명조차 마음대로 나오지 않았다.

준호는 하얗게 질려 저도 모르게 덜덜 떨었다.

청년은 두 팔로 아이들을 부둥켜안았다.

민호가 청년의 품에서 물었다.

"아저씨, 이 할아버지 누가 죽인 거예요? 아까 그 사람들이 죽인 거예요?"

청년이 무겁게 고개를 끄덕였다.

"나쁜 놈들!"

민호는 분한 듯 몸을 부르르 떨었다.

청년이 팔을 풀며 두 아이의 머리를 쓰다듬었다.

"물을 좀 떠 오너라. 우선 다친 데부터 치료해야겠다."

그제야 준호는 청년의 다리를 보았다. 아까보다 피가 더 많이 흘러 바지에 시뻘겋게 핏물이 들어 있었다.

"잠깐만 기다리세요!"

준호와 민호는 청년을 부축하여 방에 앉혀 놓고는 재빨리 일어나 마당 구석에 있는 물독으로 달려갔다. 물독에 있던 바가지로 물을 떠다 주고 다시 청년이 시키는 대로 헛간과 마당, 부엌을 뒤져 판때기와 칡넝쿨, 새끼줄 등을 구해 왔다.

그사이에 청년은 물로 상처를 깨끗이 씻어 내고, 주머니에서 약초 같은 것을 꺼내 상처 부위에 얹었다. 몹시 쓰라린 듯 고통스러운 표정을 지었지만, 곧 옷에서 찢어 낸 헝겊으로 상처 부위를 꼭꼭 동여맸다.

"으윽!"

청년의 신음 소리에 준호와 민호는 눈을 질끈 감았다.

이어서 청년은 상처 부위에 판때기를 대고는 새끼줄로 칭칭 묶었다. 그러고는 하늘을 향해 한숨을 후우 내쉬고는 이야기를 시작했다.

"나는 조선군의 적후병이나."

민호의 눈이 반짝 빛났다.

"척후병이요?"

민호가 묻자 청년은 침통한 표정으로 다시 한숨을 내쉬었다.

"그래, 척후병. 왜놈의 동태를 살펴 우리 수군에 알려 주고 있지. 육지의 군사들이 너무 쉽게 무너졌어.* 왜군들이 순식간에 밀고 들어와 애 어른 가리지 않고 총칼을 휘둘러 대니, 힘없는 백성들만 불쌍하지. 너희도 조심해. 그렇게 돌아다니면 안 돼."

청년은 그렇게 말하다가 문득 이상한 생각이 들었는지 준호와 민호를 빤히 바라보았다.

"그나저나 너희는 뉘 집 아이들이냐? 이 난리통에 왜 아

---

* 조선군이 무너진 이유

일본이 전쟁 준비를 하는 동안, 조선에서는 대신들이 서로 편을 나누어 싸우느라 일본군의 침략에 대한 대비가 부족했다. 그 때문에 일본군이 대규모 군사를 이끌고 쳐들어오자 제대로 싸워 보지도 못하고 성이 함락되는가 하면, 일본군의 조총에 겁을 먹은 조선군들이 곳곳에서 무기와 성을 버리고 달아나는 일까지 벌어졌다. 조선군이 충주에서도 크게 패하자, 선조 임금은 한양을 버리고 부랴부랴 평양으로 피난을 떠났다.

이들끼리 돌아다니는 거야? 그러고 보니 옷차림도 영 이상하구나."

청년은 의심스럽다는 듯이 준호와 민호를 훑어보았다.

'아, 어떡하지…….'

청년의 상처를 살피던 준호는 차마 고개를 들지 못하고 움찔거렸다.

그 순간 민호가 대뜸 말했다.

"걱정 마세요. 금방 집에 갈 거예요. 그런데 도대체 조선군은 어떻게 된 거예요? 백성들이 저렇게 죽어 가는데 다들 어디 있는 거죠?"

민호의 말에 청년은 할아버지의 시체에 눈길을 주었다. 그러고는 고통스러운 표정을 지었다.

청년은 목이 메어 한동안 말을 잇지 못했다.

이윽고 청년이 다시 입을 열었다.

"하루 빨리 왜놈들을 몰아내야 할 텐데. 그나마 우리 수군*이 건재하니 거기에 희망을 걸어 볼 밖에. 한데 도처에 왜놈들이 깔려 있어 쉽지가 않아. 나도 정탐을 하러 왔다가 그만 놈들의 눈에 띄어 다리에 화살을 맞고 말았단다. 그런데 너희가 내가 숨어 있는 쪽으로 오지 뭐냐. 아깐 정말 어찌나 놀랐는지."

준호와 민호는 미안한 마음이 들었다. 자기들 때문에 청년이 위험에 빠질 뻔했던 것이다.

"죄송해요. 저희는 그런 줄도 모르고……."

준호가 말하자 민호도 사정없이 발길질을 해 댄 것이 미안했는지 혀를 날름 내밀었다.

"괜찮다."

청년은 준호의 머리를 쓰다듬었다.

＊ 조선 수군

일본군에게 힘없이 무너진 육군과 달리, 바다에서는 조선 수군의 활약이 눈부셨다. 조선 수군은 경상좌우수영의 잇단 패배로 남해안 서쪽까지 일본군에게 내주었지만, 전라좌수사 이순신의 부대가 옥포, 당포와 사천 등지에서 큰 승리를 거두었다. 그 때문에 일본군은 육지에서 싸우는 군대에 병력을 보급할 길이 막혀 어려움에 처하게 되었다.

"어휴, 왜놈들이 다가올 땐 진짜 심장이 쪼그라드는 줄 알았다니까요. 그치, 형? 왜놈들이 다른 곳으로 간 게 얼마나 다행인지! 어휴……."

민호는 고개를 절레절레 흔들며 몸서리를 쳤다.

그러자 청년이 빙긋 웃으며 말했다.

"내가 솜씨 좀 발휘했지. 왜군의 주의를 돌리려고 새총을 쏘았단다."

"새총이요?"

민호가 눈을 반짝거리며 물었다.

"아, 그 새를 쏘려고 했는데 빗나간 거군요? 하긴 너무 멀어서 맞히기 어려웠겠다. 그런데 그 새, 매 맞죠? 우아, 매를 실제로 보기는 처음이에요!"

민호가 동물광답게 묻자, 청년이 제법이라는 듯 씩 웃었다.

"그래, 반대편 소나무에 매 한 마리가 앉아 있더구나. 그래서 소나무 가지를 겨냥했지. 매가 놀라서 날아오르도록 말이야."

준호와 민호는 감탄이 절로 나왔다.

"그럼 일부러 매가 아니라 나뭇가지를 맞힌 거란 말이에요? 그렇게 먼 데 있는 나무를?"

준호가 눈이 휘둥그레져서 묻자 청년은 별거 아니라는 듯 어깨를 으쓱했다.

"우아, 굉장하다!"

민호는 존경스러운 눈빛으로 청년을 바라보았다.

"아저씨가 척후병이라면, 그럼 이제 어떻게 되는 거예요? 우리 군대에 연락은 닿은 건가요?"

준호가 걱정스레 묻자 청년이 대답했다.

"그래, 이곳 사천*의 사정을 소상히 적어 전갈을 보냈어. 그러니 머지않아 우리 수군이 올 거야. 하지만 저렇게 왜놈들이 진을 치고 있으니, 우리 수군이 강하다고는 해도 만만치 않겠어."

청년은 고개를 숙인 채 다시금 긴 한숨을 내쉬었다.

그때였다. 밖에서 뭔가 시끌벅적한 소리가 나더니, 곧 요란한 북소리가 울려 퍼졌다.

* 사천
경상도 땅을 차지한 일본군은 육지에 있는 군대에 병력을 보급하기 위해 전라도와 서해를 장악하려 했다. 그래서 전략의 요충지인 사천에 병력을 주둔시키고 기지로 삼으려 했다. 사천은 전라도로 들어가는 관문인 진주성에서 불과 15킬로미터 거리에 있었다. 사천을 내주게 되면 진주성마저 위험해지는 데다, 사천 동쪽 해역을 일본군이 점령하여 손쉽게 병력을 보충할 수 있게 되므로 반드시 지켜 내야 했다.

준호도, 민호도 놀라서 청년을 보았다.

청년의 몸은 이미 소리가 나는 곳을 향하고 있었다.

전투를 알리는 북소리.

조선 수군이 당도한 것이다.

6. 아, 장군님!

청년은 벽에 세워져 있던 물푸레나무 지팡이를 짚고 번개같이 뒤뜰로 뛰어갔다. 준호와 민호도 그 뒤를 쫓았다.

청년은 준호와 민호가 걱정했던 것과 달리 날렵했다. 비록 다치기는 했지만 조선의 훈련된 병사다웠다. 역시 적진에 파견된 척후병은 달랐다.

청년이 집 뒤쪽의 대나무 숲을 헤치고 가파른 비탈을 기어오르자, 준호와 민호도 온 힘을 다해 청년을 쫓아갔다. 발밑에서 축축한 흙들이 주르르 미끄러졌다.

"저쪽으로!"

산등성이를 비스듬히 가로질러 가파른 능선을 타고 넘

자 작은 바위 고개가 나왔다. 청년과 준호와 민호는 그 고개를 넘어 다시 울창한 숲으로 들어가 10여 미터를 기어올랐다. 그러자 거짓말처럼 숲이 뚝 끝나고 발아래로 바닷가 풍경이 펼쳐졌다. 그곳은 절벽 위에 선반처럼 튀어나온 곳으로 산을 등지고 있어 적의 눈에 띌 염려가 적었다.

세 사람은 거친 숨을 몰아쉬며 발아래 풍경을 굽어보았다. 산길을 따라 곳곳에 진을 치고 있는 일본군들과 해안에 늘어선 일본군의 배들, 그리고 멀리 바다 위에 떠 있는 또 다른 배들이 훤히 내려다보였다.

"저기 먼 바다 위에 떠 있는 배가 우리 조선 수군의 배인가요?"

준호가 숨을 헐떡이며 묻자 청년은 고개를 끄덕이며 재빨리 해안의 상황을 살폈다.

해안에 정박해 있는 일본군의 큰 배에는 휘황찬란한 장막이 둘러쳐져 있고 붉고 흰 깃발들이 수없이 바람에 나부끼고 있었다. 해안을 둘러싸고 있는 산등성이에는 수많은 일본군들이 진을 친 채 조선의 배들을 굽어보며 당장이라도 짓밟아 버릴 듯이 고함을 지르고 야유를 퍼부었다. 개중에는 조총을 쏘거나 칼을 휘두르는 사람도 있었다.

왜군의 수는 많았지만 해안에 정박한 배의 수로 보아 싸움은 조선 수군에게 그다지 불리해 보이지 않았다. 배의 수를 세어 보니, 조선 수군의 배는 26척이고 해안에 있는 왜선은 12척밖에 되지 않았다.

"됐다! 놈들의 배는 겨우 12척, 우리 배가 훨씬 많으니 해볼 만하다!"

청년은 안도의 한숨을 쉬며 말했다. 정말이지 천만다행이었다.

준호와 민호는 기대에 찬 눈빛으로 조선의 배들을 바라보았다.

"그럼 우리가 이기는 거예요?"

민호가 묻자 청년은 엷은 웃음을 머금고 고개를 끄덕였다.

준호와 민호는 자신들이 조선 수군이라도 된 양 의기양양했다. 아직 싸움이 시작되지도 않았는데 조선 수군이 일본군을 몽땅 무찌를 것만 같았다.

그러나 산등성이에 진을 친 일본군 병사들을 보고 놀란 것일까. 웬일인지 조선 수군은 선뜻 공격하지 않았다. 심지어 육지 쪽으로 다가오던 배들이 겁이라도 먹은 것처럼 주춤주춤 뱃머리를 돌려 다시 멀어져 가는 것이 아닌가?

"어, 어, 왜 저러지……? 도망가잖아!"

준호와 민호는 자신들의 눈을 믿을 수가 없었다. 당황하기는 청년도 마찬가지였다. 무려 26척이나 되는 조선 수군의 배가 고작 12척밖에 안 되는 일본군의 배를 보고 놀라서 바다로 달아나다니.

"아, 이런!"

청년은 안타까운 마음에 고함이라도 지를 듯 몸을 앞으로 내밀었다. 그 용맹하던 조선 수군은 어디로 가고 겁쟁이처럼 저토록 초라하게 달아난단 말인가? 임진왜란의 마지

막 보루, 조선 수군이 저렇게 물러나면 이제 백성들은 누구를 믿고 의지해야 한단 말인가?

"안 돼! 가지 마!"

민호가 주먹을 꽉 쥐고 발을 굴렀다. 준호도 너무 실망스러워 눈물이 쏟아질 것 같았다.

"얏쓰케로!(해치우자!)"

날카로운 고함 소리가 공기를 찢더니, 곧 요란한 함성 소리가 울려 퍼졌다. 해안과 산등성이에서 진을 치고 있던 일본군들이 물러나는 조선 수군의 배를 보고 기세가 오른 것이다.

"이케!(가자!)"

"도쓰게키!(돌격!)"

와아아아!

조선 함대가 후퇴하기 시작하자 바닷가에 있던 일본군들이 달아나는 조선의 배들을 향해 고함을 지르며 바다로 몰려갔다. 그와 동시에 산등성이에서 진을 치고 있던 일본군들도 조선 수군을 향해 총을 쏘아 대며 기세를 올렸다. 급기야 해안으로 몰려 내려간 일본군들은 반은 배를 지키고 반은 5~6척의 배에 나누어 타고 조선 수군을 추격하기 시작했다.

"큰일 났다!"

준호와 민호가 당황해서 소리쳤다.

"아저씨, 일본군들이 조선 수군을 쫓아가요! 이제 어떻게 해요?"

준호가 다급하게 물었지만, 청년도 방법이 없었다.

아이들은 발을 동동 구르며 바다를 바라보았다. 조선의 배들은 점점 먼 바다로 달아나고, 일본군의 배들이 기세를 올리며 쫓아가는 가운데 어느덧 하늘에는 붉은 노을이 지기 시작했다. 준호와 민호는 붉은 빛이 감도는 바다 위에서 총과 화살을 쏘아 대며 추격하는 일본군의 배 너머로 조선 수군의 배를 애타게 찾았지만, 일본군의 배와 뿌연 연기에 가려 어떻게 되었는지 알 수가 없었다.

그 순간 해안을 훑던 청년의 눈이 날카롭게 빛났다.

청년이 낮게 중얼거렸다.

"저것은……!"

준호와 민호가 청년을 돌아보자, 청년은 말없이 바다를 가리켰다. 그러고 보니 바다가 아까보다 훨씬 가까이 있었다. 어느덧 해 질 무렵이 되어 바닷물의 흐름*이 바뀐 것이다. 밀물 때가 되자 시퍼런 바닷물이 해안 쪽으로 밀려 들어왔다.

얼마 뒤, 저녁 바람에 차츰 연기가 걷히며 밀려오는 바닷

* 바닷물의 흐름

남해안은 밀물 때와 썰물 때 해수면의 높이 차이가 약 1~3미터에 달한다. 이순신은 이러한 바닷물의 흐름을 작전에 이용했다. 썰물 때가 되면 물이 빠져나가 큰 배가 해안 가까이 들어올 수 없지만, 밀물 때가 되면 바닷물이 불어나 판옥선처럼 큰 배도 해안가까지 들어갈 수 있다는 이점을 살려 밀물 때 일본군을 공격한 것이다. 사천 해전에서도 이순신은 유인 작전으로 적을 바다로 끌어낸 뒤, 밀물 때까지 기다렸다가 배를 해안 깊숙이 몰고 들어가 공격했다. 이러한 전술은 12척의 배로 133척의 일본군을 물리친 명량 대첩에서도 이용되었다.

물과 함께 일본군의 배들이 나타났다. 일본군의 배들은 밀물에 떠밀려 해안 쪽으로 주춤주춤 물러나고 있었다. 이제 해변은 완전히 물에 잠겼고 정박해 있던 일본군의 배들까지 밀려든 바닷물 위로 둥실 떠올라 출렁거리고 있었다.

그때였다.

둥둥둥!

멀리서 힘찬 북소리가 울렸다. 그 소리를 신호로 특이한 모양의 조선 배 3척이 일제히 앞으로 빠져나왔다. 그와 동시에 바다 위에 떠 있던 조선 배들이 마치 거대한 새가 날개를 펼치듯 바다 위로 넓게 퍼져 나갔다.

곧이어 배마다 깃발이 높이 솟구치더니 우렁찬 고함 소리가 울려 퍼졌다. 잇달아 북소리가 힘차게 울리며 특이한 모양의 배 3척을 선두로 조선 배들이 일본군의 배를 향해 돌진하기 시작했다.

"와, 조선군이다! 조선군이 다시 왔어!"

민호가 망태를 멘 채 펄쩍펄쩍 뛰었다. 준호도 활짝 웃으며 자랑스러운 표정으로 조선의 배들을 바라보았다.

청년도 가슴이 벅찬 듯 외마디 소리를 토해 냈다.

"아, 장군님!"

청년은 혼잣말을 하듯 나지막이 중얼거렸다.

"역시, 장군님이시다. 비겁하게 달아난 게 아니었어. 모든 게 장군님의 작전이었어!"

준호가 눈을 빛내며 물었다.

"작전이라뇨? 무슨 작전이요?"

청년이 얼마 전까지 모래사장이었던 바다를 가리키며 말했다.

"바다로 적을 끌어낸 뒤 물때가 바뀌기를 기다리신 거야. 비록 우리 군의 배가 26척이고 왜군의 배가 12척밖에 안 된다고는 하나, 해안가와 산등성이에 겹겹이 진을 친 왜군들 때문에 섣불리 공격할 수 없었던 거야. 그랬다간 큰 화를 입었겠지. 그래서 육지에 있는 적을 바다로 끌어낸 뒤, 물때가 바뀌기를 기다려 해안으로 거세게 밀려 들어가는 물살을 타고 적을 공격해서 확실한 승리를 거두려 하신 거야."

붉게 타오르는 노을빛을 받아 감격에 찬 청년의 얼굴이 눈부시게 빛났다.

준호와 민호는 그제야 조선 수군이 왜 바다로 후퇴했는지 알 것 같았다. 조선 수군은 결코 일본군이 무서워서 달아난 게 아니었다. 일부러 바다로 도망가는 척하면서 산 위와 해안에 진을 치고 있던 일본군을 바다로 끌어내어 한꺼번에 무찌르려 했던 것이다. 그러기 위해서는 일본군을 바다로 유인해 판옥선*이 바닷가로 접근할 수 있을 만큼 물이 깊어질 때를 기다려야 했다.

* **판옥선**

판옥선은 조선 수군의 주요 전함으로, 갑판을 2층으로 한 3층짜리 배였다. 1층은 무기고였고, 2층은 노꾼이 노를 젓는 선실이었으며, 3층은 군사들이 전투를 벌이는 곳으로 이곳에서 불화살과 화포를 쏘았다. 전투 때 거북선이나 척후선 1~2척이 왜군의 지휘선에 빠르게 돌격하여 길을 열면, 뒤에 있던 판옥선이 일제히 앞으로 나와 화살과 대포를 쏘며 공격했다.

둥둥둥!

조선 수군은 깃발을 높이 올리고 북을 울리며 물밀 듯 밀고 들어왔다. 순식간에 전세가 역전되었다.

조선 수군에 맞서, 일본군도 해안과 산등성이에서 빗발치듯 활과 총을 쏘아 댔다.

그런데 일본군의 배를 70미터 앞두고 별안간 "꽤앵!" 하는 징 소리가 울리더니, 조선의 배들이 일제히 멈추어 섰다. 잠시 정적이 흐른 후, 힘찬 깃발이 바다 위로 나부끼며 하늘을 울리는 대포 소리와 함께 갑자기 그 특이한 모양의 배 3척이 일본군의 배를 향해 힘차게 나아갔다.

앞쪽에 용머리가 달리고 등이 둥그런 거북 모양의 배.

순간 준호는 온몸에 전율이 흘렀다. 비로소 그 배가 무엇인지 깨달은 것이다.

총알과 화살이 빗발치는 가운데 용머리가 달린 배가 무시무시한 기세로 일본군 진영을 향해 돌진했다.

준호는 가슴이 터질 것 같았다.

"거북선이다!"

준호가 소리쳤다.

거북선.

우리 역사에 길이 남은 거북선이 바로 눈앞에 있었다.

준호와 민호는 감격에 차서 거북선을 바라보았다.

청년의 눈에서는 벅찬 눈물이 흘러내리고 있었다.

7. 함대, 앞으로!

일본군은 거북선을 향해 총알과 화살을 빗발치듯 쏘아 댔다. 하지만 거북선은 끄덕도 않고 적진으로 돌격했다.

전속력으로 돌진하던 거북선* 가운데 1척이 왜선의 코앞까지 다가간 순간, 해안을 뒤흔드는 폭음과 함께 거북선의 용머리에서 시뻘건 불이 뿜어져 나왔다.

쾅!

* **거북선**
거북선은 사천 해전에서 처음으로 출격했는데, 맨 먼저 적의 함대로 돌진해 들어가 대포를 쏨으로써 적의 지휘선을 파괴하고 적을 혼란에 빠뜨리는 속공 돌격대의 역할을 했다. 거북선의 출현 이후 조선 수군의 싸움 형태는 칼이나 창 같은 무기로 직접 맞붙어 싸우는 '백병전'보다 적의 심장부로 돌진하여 지휘선을 파괴하고 멀리 떨어져 대포와 화살을 쏘아 적을 무너뜨리는 '함포전'이 많아졌다.

대포였다.

배 위에 있던 일본군들이 포탄을 맞고 바다 위로 떨어졌다. 그와 동시에 일본군의 배에 수많은 화살들이 비 오듯 쏟아졌다.

귀청이 터질 듯한 폭음 속에서 준호는 눈을 빛내며 거북선을 눈으로 쫓았다.

"공격! 공격!"

민호는 자기가 장군이라도 된 듯 허공에 주먹을 휘두르며 고래고래 소리쳤다. 하지만 대포 소리에 묻혀 잘 들리지 않았다.

그때였다. 조선 수군 진영에서 누군가 배를 탕탕 두드리며 고함을 질렀다. 그러자 거북선 뒤에 있던 다른 배들이 앞으로 나와 포탄을 퍼붓기 시작했다. 불화살이 날아가고, 대포 하나에서 작은 새알 같은 포탄이 무더기로 발사되어 콩 볶듯이 일본군의 배를 공격했다. 한꺼번에 작은 표창들이 날아가기도 했다.

일본군의 배 위는 순식간에 아수라장이 되었다. 급기야 일본군들은 조선군의 공격을 견디지 못해 바닷속으로 마구 뛰어들었다.

쿠웅! 다음 순간 또 다른 거북선이 일본군의 배에 묵직하게 부딪쳤다. 일본군의 배는 구멍이 났는지 물이 차오르더니 바닷속으로 점점 가라앉았다.

당황한 일본군들은 2층 층루에서 긴 사다리를 걸고 거북선 위로 우르르 뛰어내렸다. 아무리 조총을 쏘아 대도 거북선이 끄덕도 않자 거북선으로 직접 뛰어내려 거북선 안에 있는 병사들을 공격하려는 모양이었다.

하지만 그것은 잘못된 판단이었다. 거북선 위로 뛰어내린 일본군들은 하나같이 비명을 지르며 피투성이가 되었다.

거적으로 덮인 거북선 등판에는 뾰족한 칼과 송곳이 감추어져 있었던 것이다.

"함대 앞으로! 앞으로!"

지휘관의 호령 소리에 따라 거북선은 적진을 휘저으며 사정없이 대포*를 쏘아 댔다.

일본군은 거북선을 향해 정신없이 조총을 쏘아 대며 공격했지만, 거북선은 괴물처럼 끄떡도 않았다. 오히려 앞, 뒤, 옆에서 불을 뿜으며 왜선을 닥치는 대로 깨뜨려 부수었다. 잇달아 거북선을 뒤따르던 조선군의 배들까지 나서서 포탄과 불화살을 퍼부어 대자, 일본군의 배는 하나둘 시뻘건 불길에 휩싸였다.

일본군들은 바다로 뛰어들거나 허겁지겁 육지로 기어올랐다. 해안가 곳곳에는 새알 탄과 불화살, 표창을 맞고 쓰러진 일본군들이 살려 달라고 비명을 지르고 있었다.

* 대포

임진왜란 초기 일본군이 조총을 앞세웠다면 조선군은 대포로 일본군을 무찔렀다. '총통'이라 불렸던 조선군의 대포는 화약의 폭발력을 이용하여 대형 화살이나 포탄을 발사하는 무기였다. 총통은 불을 붙이고 나서 포탄이 발사될 때까지 시간이 오래 걸리는 대신, 포탄이 1킬로미터 이상 날아가고 파괴력도 컸다. 이순신이 이끄는 조선 수군은 총통의 이점을 이용하여 먼 거리에서 총통을 쏘아 일본군의 대열을 흩뜨린 뒤, 화약을 매단 불화살과 새알 탄을 일제히 쏘아 왜선을 불태우고 군사를 물리쳤다.

"다이캬쿠! 다이캬쿠!(퇴각하라!)"

누군가 다급하게 소리치자 일본군들은 닥치는 대로 쓰러진 동료들을 부축해서 산으로 달아났다.

산등성이마다 일본군들이 겁에 질려 발을 쿵쿵 구르거나 고함을 지르거나 땅을 치며 울부짖었다.

"만세! 이겼다!"

민호와 준호는 서로 얼싸안고 기뻐했다.

조선 수군은 달아나는 일본군을 향해 화살과 표창, 새알탄을 퍼부었다. 일본군은 대부분 산으로 달아나서, 해안에는 더 이상 조선 수군에 맞서 싸울 일본군이 남아 있지 않았다. 조선 수군이 사천 해전*에서 완벽한 승리를 거둔 것이다.

* 사천 해전
사천포는 전라도와 서해안으로 가는 길목에 있어 군사적으로 중요한 곳이었다. 하지만 일본군이 사천포에 상륙하여 해안가 절벽에 진을 치고 있었기 때문에 공격하기가 쉽지 않았다. 또 썰물 때라서 배가 해안으로 접근하기도 어려웠다. 이에 이순신은 도망가는 척하며 일본군을 바다 쪽으로 끌어낸 뒤, 밀물 때까지 기다렸다가 배를 해안 깊숙이 몰고 들어가 단숨에 물리쳤다.

청년은 감격에 찬 얼굴로 바다를 향해 큰절을 올렸다.

"아저씨, 왜 바다에 대고 절을 해요?"

민호가 묻자 청년이 벅찬 목소리로 대답했다.

"목숨의 위협을 무릅쓰고 맨 앞에서 병사들을 독려하신 장군님께 마음 깊이 존경의 절을 올린 거다."

청년의 눈가에는 어느새 눈물이 맺혀 있었다.

"너희는 잘 모르겠지만, 조선 수군을 이끈 저분은 이순신 장군*님이시다."

"뭐라고요, 이순신 장군이라고요?"

민호의 눈이 휘둥그레졌다. 우리나라에 이순신 장군을

* **이순신 장군**

당파 싸움으로 전쟁에 충분히 대비하지 못했던 다른 장수들이나 조정 대신들과 달리, 이순신은 일본군이 쳐들어올 것에 대비하여 거북선을 만들고 무기를 수리하며 병사들을 훈련시켰다. 이순신은 무관이면서도 책을 많이 보았으며, 거북선을 개조하고 다양한 병법을 개발하여 매우 불리한 전세를 딛고 임진왜란을 승리로 이끌었다.

모르는 아이가 어디 있을까? 용감하게 일본군을 물리치고 나라를 구한 그 용맹한 장군을!

민호가 흥분해서 소리쳤다.

"아이참, 이순신 장군을 모르는 애가 어디 있어요! 이순신 장군은 우리나라 아이들이 가장 존경하는 위인 중 한 분인걸요!"

준호는 아까 보았던 광경을 떠올리며, 자기 눈을 믿을 수 없다는 듯 청년에게 물었다.

"그럼, 아까 앞쪽에서 배를 두드리며 고함을 지르던 분이 이순신 장군님이란 말이에요?"

청년은 진지한 표정으로 고개를 끄덕였다.

청년의 얼굴에는 조선 수군에 대한 자긍심과 이순신 장군에 대한 존경심이 어려 있었다.

"이순신 장군님, 만세!"

준호와 민호가 동시에 소리쳤다.

"거북선 만세!"

바다 위에는 자랑스러운 조선 수군의 배들과 용맹한 거북선 3척, 그리고 해안가까지 깊숙이 들어와 있는 이순신 장군의 배가 당당하게 떠 있었다.

숲이 울창하고 이미 해가 떨어졌기 때문일까. 조선 수군은 간간이 달아나는 일본군을 향해 화살을 쏘기는 했지만, 더 이상 뒤쫓지는 않았다.

이윽고 조선 수군이 해안가에 왜선 몇 척을 남겨 두고* 다시 바다로 떠났다. 준호와 민호는 가슴이 벅차오르고 눈물이 솟구쳤다.

준호는 거북선과 이순신 장군을 좀 더 지켜보며 승리를 만끽하고 싶었지만 그럴 수가 없었다. 주변이 온통 일본군투성이였던 것이다. 해안가에서 뛰어 올라온 일본군들

---

* 일본군의 배를 남겨 둔 까닭

일본군의 배를 모두 없애 버리면, 도망갈 길이 막힌 일본군이 산을 넘어 마을로 들어가 조선 백성들에게 분풀이를 할 우려가 있었다. 그래서 이순신은 일부러 일본군이 타고 달아날 배를 해안에 남겨 두었다. 실제로 밤이 되자 산속에 숨어 있던 일본군들이 이 배를 타고 달아났고, 조선 수군은 미리 바다에서 기다리고 있다가 달아나는 일본군을 한꺼번에 무찔렀다.

까지 합쳐져 이제 산은 온통 달아나는 일본군들로 벌집을 쑤신 듯했다. 자칫 일본군의 눈에 띄기라도 하면 목숨이 위태로웠다. 어서 자리를 피해야 했다.

8. 꿈틀거리는 모래시계

"어서 와, 서둘러야 돼!"

청년은 다리를 절뚝거리며 앞장서서 산길을 내려갔다. 준호와 민호도 청년을 따라 서둘러 산을 내려가기 시작했다.

세 사람은 해안에서 도망쳐 올라오는 일본군과 마주치지 않도록 외진 비탈을 골라 내려갔다. 워낙 많은 일본군이 한꺼번에 달아나고 있어서인지 온 산이 일본군의 비명 소리와 고함 소리로 들끓었다. 소리는 멀리서도 났지만 가까운 곳에서도 났다. 세 사람은 곳곳에서 길을 멈추고 일본군의 동태를 살폈다.

이윽고 가파른 비탈길을 되짚어 초가집으로 돌아왔을 무렵에는 날이 벌써 어두워져 있었다.

짙어 가는 푸른 어둠 속에서 청년이 말했다.

"이 부근에 토굴이 하나 있다. 그곳으로 가자. 왜군들이 모두 달아날 때까지 그곳에 숨어 있어야겠어. 지금 놈들의 눈에 발각되면 죽음을 면치 못할 게다."

준호와 민호는 고개를 끄덕였다.

하지만 다음 순간 민호가 "어……!" 하고 외마디 비명을 질렀다.

"왜 그래?"

준호가 묻자 민호가 바지 주머니를 가리켰다. 주머니에서 모래시계가 꿈틀꿈틀 움직이기 시작한 것이다.

민호는 주머니에서 조심스레 모래시계를 꺼내 보았다. 모래시계의 모래가 거의 다 흘러 내려와 있었다.

준호는 눈이 휘둥그레져서 중얼거렸다.

"역시 모래시계는 시간을 알려 주는 거였어. 이제 집에 갈 시간이 되었나 보다."

그 순간 청년이 다그쳤다.

"애들아, 어서 가자. 여기서 꾸물대다가 왜군한테 붙잡히면 끝장이야!"

민호는 꿈틀거리는 모래시계를 바지 주머니 속에 다시 쑤셔 넣으며 다급하게 속삭였다.

"형, 어떡해?"

준호도 마음이 급해졌다. 하늘은 아직 붉게 물들어 있었지만, 산에는 어둠이 일찍 찾아오는 터라 벌써 검푸른 땅거미가 내려앉아 있었다. 골짜기 쪽은 이미 시커먼 어둠이 깊이를 알 수 없는 천길 낭떠러지처럼 깔려 있었다.

준호는 청년을 혼자 두고 가는 것이 마음에 걸렸지만 어쩔 수가 없었다. 이제는 집으로 돌아가야 할 시간이었다.

준호는 푸르스름한 땅거미 속에서 청년의 눈을 바라보았다.

"아저씨, 이제 저희는 집에 가야 돼요. 시간이 너무 늦었어요."

청년이 다급하게 말했다.

"그래그래! 하지만 지금은 일단 안전한 곳으로 피해야 해."

준호도 마음이 급하기는 마찬가지였다.

"오늘 아저씨를 만나서 너무 기뻤어요. 아저씨도, 조선 수군도 너무 자랑스러워요. 저희는 그만 가 볼게요. 아저씨도 조심해서 돌아가세요!"

준호는 절을 꾸벅 하고는 민호의 손을 잡고 부리나케 산 밑으로 달려 내려갔다.

"아니, 얘들아, 도처에 왜군 천지인데, 어디로 간단 말이냐. 거기 서, 위험해!"

청년이 절뚝거리는 다리로 쫓아오며 조그맣게 외쳤다. 그러다 뭔가에 걸려 투닥 넘어지는 소리가 났다.

"으……!"

준호와 민호의 등 뒤로 청년의 짧은 신음 소리가 났다.

민호가 놀라서 돌아보았다.

하지만 어쩔 수 없었다. 여기서 머뭇거려 봤자 청년만

더 위험해진다.

"저희 걱정은 마세요! 아저씨, 몸조심하세요!"

준호는 나지막이 소리치고는 다시 민호의 손을 붙잡고 어둠 속을 달렸다. 두루마리가 빛을 뿜어 일본군의 주의를 끌기 전에 최대한 청년에게서 멀리 떨어져야 했다.

이윽고 두 아이를 바라보던 청년의 모습이 멀어지더니 짙어 가는 어둠과 울창한 나뭇잎 너머로 완전히 사라졌다.

골짜기의 물소리가 제법 가까이 들릴 무렵, 민호의 주머니에서 모래시계가 빠져나갔다. 그 순간 망태에 있던 두루마리도 스르륵 빠져나왔다. 어둠 속에서 푸른빛이 감돌며 두루마리가 펼쳐지더니, 모래시계가 두루마리 속으로 빨려 들어가며 눈이 멀 듯한 빛이 번쩍하고 빛났다.

그리고 다시 어둠이 찾아왔다. 마치 아무 일도 없었다는 듯이. 산은 온통 검은 먹빛으로 물들어 갔다.

9. 나무에서 떨어진 아이

"형!"

"민호야!"

준호와 민호는 익숙한 어둠 속에서 더듬더듬 서로를 확인하고는 현재로 돌아온 것을 알았다.

"일단 밖으로 나가자."

준호와 민호는 지하실 입구에서 잠시 주위를 살피고는 밖으로 나갔다.

뒤뜰로 나오자 맑은 공기와 눈부신 햇살이 두 아이를 맞았다.

준호는 숨을 후웁 들이마시고는 나무 그늘 밑에 앉았다.

민호는 아직도 승리의 감격이 가시지 않은 듯 심장이 쿵쿵 뛰었다.

준호와 민호의 머릿속에는 동시에 같은 생각이 떠올랐다.

"거북선!"

둘은 마치 참았던 말을 터뜨리듯 동시에 소리쳤다. 가슴 벅찬 감동이 밀려왔다. 조선 시대로 가서 존경하는 이순신 장군이 거북선을 앞세워 용감하게 일본군을 물리치는 장면을 자신들의 눈으로 똑똑히 보고 온 것이다.

"아, 이순신 장군님은 정말 대단해!"

준호가 존경 어린 눈빛으로 말했다.

"형, 아까 거북선이 불 뿜을 때, 진짜 멋있었지!"

민호도 흥분해서 말했다.

"응! 내가 상상하던 거북선보다 훨씬 컸어. 실제로 보니까 책에서 보던 모습보다 열 배는 멋있더라!"

그 순간 나뭇가지가 살짝, 아주 살짝 흔들렸다.

하지만 준호와 민호는 이야기에 빠져 눈치채지 못했다.

"하하하, 왜놈들이 허둥대던 꼴이라니. 거북선이 3척밖에 안 되는데도 일본군들이 꼼짝도 못했잖아!"

민호가 통쾌하다는 듯 웃음을 터뜨리자 준호는 다시금 그때의 감동이 떠오르는 듯 벅찬 얼굴로 대답했다.

"겨우 3척의 거북선으로 일본군들을 꼼짝 못하게 하다니, 정말 이순신 장군님은 대단해!"

"형, 이순신 장군님이랑 거북선을 진짜로 본 사람은 아마 형이랑 나밖에 없을 거야. 그렇지!"

"그럼! 그러니까 말조심해야 해."

그때 나무 위에서 갑자기 시커먼 것이 쿵 떨어졌다. 커다란, 전혀 예상치 못한 뜻밖의 물체가.

"아악!"

민호는 소스라치게 놀랐다.

바닥으로 떨어진 것은 놀랍게도 사람이었다.

이사 오던 날 이 집의 비밀을 알려 준 아이, 어제 저녁 호박죽을 들고 와 준호와 민호를 뚫어지게 바라보던 바로 그 여자아이였다.

준호와 민호는 너무 놀라 여자아이와 나무를 번갈아 쳐다보았다.

'뭐야, 그럼 지금까지 이 나무 위에 있었던 거야?'

준호는 머릿속이 복잡해졌다.

'그렇다면 혹시 우리 얘기를 엿들은 걸까?'

여자아이가 다짜고짜 캐물었다.

"거북선을 봤다고?"

준호와 민호는 당황해서 얼굴이 새빨개졌다.

"아, 아냐, 거북선은 무슨!"

둘은 동시에 손을 저으며 소리쳤다.

하지만 여자아이는 의심의 눈빛을 거두지 않았다. 여자아이가 따져 물었다.

"아까부터 저 나무 위에서 다 들었어. 내 귀로 똑똑히!

자, 솔직하게 털어놓으시지. 너희들, 뭐야? 이순신 장군이랑 거북선을 진짜로 봤다는 게 무슨 소리야?"

그러자 이번에는 민호가 따졌다.

"뭐, 저 나무에서? 야, 저건 우리 나무인데, 왜 네 멋대로 올라가고 난리야? 네 것도 아닌데, 왜 주인 허락도 없이 함부로 올라가느냐고!"

여자아이는 가소롭다는 듯이 콧방귀를 뀌었다.

"흥, 저 나무는 내 나무야! 오래전부터 내 나무였다고. 너네가 이사 오기 훨씬 전부터! 알겠어? 잔말 말고 어서 털어놓기나 해! 너네 둘, 도대체 어디 갔다 온 거야?"

"갔다 오긴 어딜 갔다 왔다고 그래! 우린 그냥 만화 영화에서 본 거 얘기한 거야. 그렇지, 형?"

민호가 얼렁뚱땅 둘러대자, 준호도 황급히 고개를 끄덕였다.

여자아이의 눈빛이 날카롭게 빛났다.

"만화 영화? 제목이 뭔데?"

민호는 그만 말문이 막혔다.

여자아이는 더욱 수상하다는 듯이 집요하게 캐물었다.

"왜 제목을 못 대니? 거짓말이니까 못 대는 거야, 그렇지?"

준호와 민호는 식은땀만 흘릴 뿐 아무 말도 하지 못했다.

하지만 죽으란 법은 없었다. 따릉따릉 하는 소리가 나더니 끼익 하고 대문이 열렸다. 아빠가 박물관에서 돌아온 것이다.

"이야, 아빠다!"

민호는 재빨리 아빠한테 달려갔다.

도망.

지금 여자아이의 추궁에서 벗어날 수 있는 길은 그것밖에 없었다.

준호도 허둥지둥 인사를 하며 자리를 피했다.

"안녕, 다, 다음에 보자!"

여자아이는 오래도록 그 자리에 서서 두 아이를 지켜보았다. 준호와 민호가 집으로 들어가고 난 후에야 여자아이는 고개를 갸웃하고는 능숙한 몸놀림으로 다시 나무를 타고 올라갔다. 짙은 그늘을 드리울 만큼 잎이 울창한 그 짙푸름 속으로.

 과거 여행을 다녀온 뒤, 역사 박사 준호는 도서관과 아빠의 서재를 들락거리며 조선 시대 연구에 몰두했다. 준호는 무엇을 알아냈을까?

임진왜란과 조선 수군의 활약

임진왜란은 1592년(임진년)에 일본군이 조선에 쳐들어와 시작된 전쟁으로, 2차에 걸쳐 무려 7년 동안 계속되었다. 당시 조선은 1560년대 이후 전쟁이 적어, 오랜 내전으로 단련된 일본에 비해 전쟁 준비가 부족했다.

부산에 상륙한 지 불과 하루 만에 부산진을 점령한 일본군은 조총이라는 신식 무기와 잘 훈련된 병사들을 앞세워 한양을 향해 거침없이 밀고 올라갔다. 선조는 피난길에 올랐고, 일본군은 전쟁이 시작된 지 19일 만에 한양을 점령했다.

임진전란도
1592년 4월 일본군이 "명나라를 치러 갈 테니 길을 비켜라."며 부산 앞바다로 쳐들어왔다.

일본군의 작전은 육군이 북으로 진격하고, 수군이 육군에게 식량과 무기를 보급하는 것이었다. 처음에는 이 작전이 순조롭게 풀려 승승장구했으나, 옥포 앞바다에서 이순신이 이끄는 조선 수군에게 패배하면서 암초에 부딪히게 된다. 일본군이 본국에서 식량과 무기를 공급받을 길은 바닷길밖에 없었는데, 조선 수군에 바닷길이 가로막히자 육군에 식량과 무기를 제대로 지원해 줄 수 없게 된 것이다.

이에 일본 수군은 남해 바다에 총집결하여 조선 수군을 물리치려 했다. 하지만 이순신은 한산도에서 일본군을 크게 무찌르고 바다를 완전히 장악함으로써 오히려 전세를 역전시켰다.

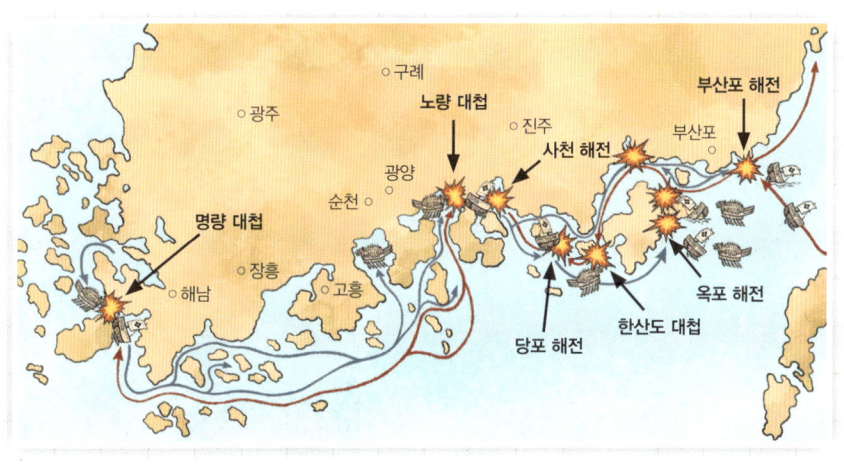

임진왜란 해전도

조선 수군을 이끈 이순신 장군

이순신은 지략이 뛰어나고 용맹한 장수로, 전투에서 한 번도 패한 적이 없었다. 언제나 외적의 침입에 대비하여 군사 훈련을 게을리하지 않았으며, 특히 임진왜란이 일어나기 1년 전부터는 무기를 갖추고 식량을 저장해 두었다. 이순신은 통솔력이 뛰어났고 작전도 잘 짰지만, 무엇보다 전투에 앞서 병사들의 사기를 북돋우는 데 능했다. 병사들은 늘 이순신을 믿고 따랐으며 이는 조선 수군 승리의 밑거름이 되었다.

 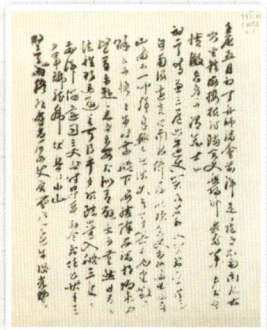 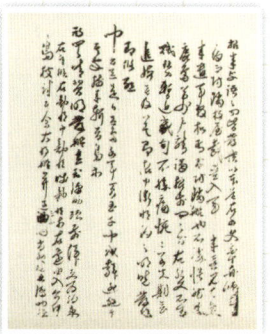

현충사에 있는 《난중일기》
이순신은 임진왜란이 일어나던 1592년부터 전쟁이 끝나던 1598년까지 꼬박꼬박 일기를 썼는데, 이것을 전쟁 중에 쓴 일기라고 하여 《난중일기》라 부른다. 중요한 전투와 조선군의 상태 등이 자세히 기록되어 있어 임진왜란을 연구하는 데 귀중한 자료로 쓰이고 있다.

▲현충사

이순신 장군의 3대 해전

한산 대첩

이순신이 지휘한 전투 가운데 가장 규모가 큰 전투로 행주 대첩, 진주 대첩과 함께 임진왜란의 3대 대첩으로 꼽힌다. 왜선을 한산도 앞바다로 유인하여 학익진을 이용해 섬멸하며 큰 승리를 거두었다.

▶ 한산 대첩이 있었던 경남 통영시 한산도

명량 해전

이순신이 12척의 배로 133척의 왜선을 물리친 전투. 좁고 바닷물의 물살이 빠른 울돌목(명량 해협)을 이용한 작전으로, 조선 수군은 단 1척도 피해를 입지 않고 그 10배가 넘는 적을 섬멸하였다. 이순신의 지혜와 용맹함을 보여 주는 전투로 세계 해전사에 길이 빛나는 전투로 손꼽힌다.

▶ 명량 대첩 축제에서 조선 수군과 일본군의 싸움을 재현하고 있다

노량 해전

노량 앞바다에서 조선 수군과 명나라의 연합군이 일본 수군과 벌인 마지막 해전. 이 해전에서 이순신은 400여 척의 왜군을 격파했으며, 적의 총탄에 맞아 쓰러진 뒤에도 "지금 싸움이 한창이니 내 죽음을 알리지 마라."라고 하며 조선군이 일본군을 끝까지 추격하여 격파하도록 하였다. 이 싸움을 끝으로 7년 동안 이어진 임진왜란이 끝났다.

▶ 노량 해전 민족 기록화

이순신은 어떻게 승리를 이끌었을까?

이순신은 해전의 역사를 바꾼 전략 전술가였다. 일본의 움직임을 제대로 읽지 못했던 조정 대신들과 달리, 이순신은 일찍부터 일본이 쳐들어올 것에 대비하여 군사들을 훈련시키고 식량과 무기를 확보해 두었다. 또한 철저한 전쟁 준비로 병사들의 목숨을 아끼면서도 임진왜란을 승리로 이끌었다.

함포전

이순신은 학익진 전법으로 적을 에워싸고 먼 거리에서 천자총통, 지자총통, 현자총통, 황자총통 등의 총통으로 공격하는 함포전을 펼쳐 단시간에 일본군을 격파했다. 그전까지 해전이 대부분 가까이에서 맞붙어 싸우는 형태였던 데 반해, 이순신은 적군의 사정거리 밖에서 총통을 쏘아 일본군에게 큰 피해를 입히는 동시에 조선군의 피해를 줄였다.

◀ 총통은 화살이나 탄환을 발사하는 화약 무기로 크기에 따라 천자총통, 지자총통, 현자총통, 황자총통으로 나뉘었다. 조선 수군의 배는 튼튼하여 총통을 싣고 다니며 왜선에 구멍을 냈다. 좌측 사진은 황자총통(위)과 현자총통(중간), 천자총통(아래)으로, 이 중 천자총통은 대장군전이라는 크고 긴 불화살을 발사하는 데 쓰던 대포다.

속공전

전쟁 전 이순신은 적의 지휘선을 공격할 돌격선이 필요하다고 판단하고, 거북선을 만들어 두었다. 이순신은 거북선을 앞세워 단숨에 적을 혼란에 빠뜨린 다음, 뒤에서 학익진 형태로 대기하고 있던 판옥선으로 일시에 공격을 퍼부어 상대를 무너뜨렸다.

▲ 거북선 모형

학익진

학이 날개를 펴고 있는 모습과 닮았다는 뜻으로 붙여진 이 전법은 이순신의 주요 해전법으로, 거북선의 속공 돌격전과 함께 사용하여 삽시간에 적을 섬멸했다. 일본군은 옹색하게 오밀조밀 모여 총과 화살을 쏘는 데 비해, 조선 수군은 학익진으로 넓게 퍼져 적을 에워싸고 폭넓게 공격함으로써 대포와 불화살, 새알 탄 등을 일시에 퍼부을 수 있었다.

▲ 조선 후기의 화가가 그린 〈해진도〉로, 거북선을 중심으로 조선 수군의 전투함들이 진을 치고 있는 모습을 그린 것이다.

거북선은 어떻게 싸웠을까?

　임진왜란 당시 칼싸움에 능한 일본 수군은 활과 조총을 쏘며 다가와 배를 가까이 붙이고 조선 배로 넘어와 칼로 맞붙어 싸우는 전법을 썼다. 따라서 조선 수군이 싸움에서 이기려면 왜선이 접근하지 못하게 하면서 일본군의 지휘선을 공격하여 적진을 혼란에 빠뜨린 뒤 멀리서 공격하는 것이 유리했다. 이에 이순신은 거북선을 앞세워 적진을 휘저은 다음, 뒤를 받치고 있던 판옥선에서 포탄과 불화살을 퍼부었다.

등
전체적으로 판자로 덮은 다음 칼과 송곳을 꽂아 발 붙일 곳이 없도록 했다. 칼과 송곳 위에는 거적을 덮어 적의 눈을 속였다. 조선 수군들은 십자 모양으로 낸 좁은 길을 통해 거북선의 등 위를 걸어 다녔다.

용머리
용머리의 입에 현자총통을 설치해 선체가 높은 왜선에 바짝 접근해서 포탄을 쏘았다. 대포를 쏠 때의 반동으로 용머리의 입 안에서 대포가 들락거렸을 것으로 추측된다.

거북선의 크기

거북선은 총 길이 35.3미터, 너비 10.6미터, 높이 6.6미터의 크기였다.

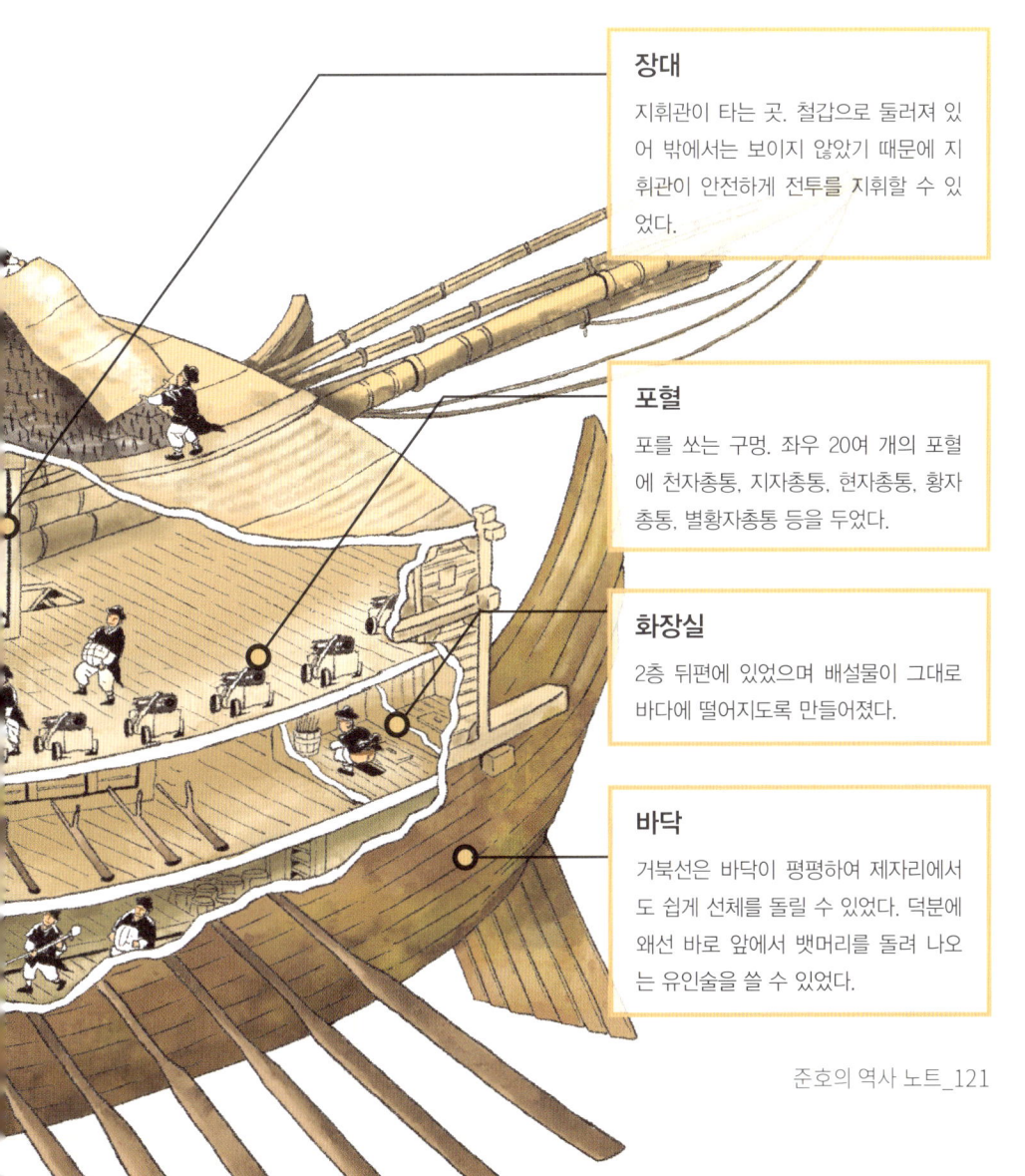

장대
지휘관이 타는 곳. 철갑으로 둘러져 있어 밖에서는 보이지 않았기 때문에 지휘관이 안전하게 전투를 지휘할 수 있었다.

포혈
포를 쏘는 구멍. 좌우 20여 개의 포혈에 천자총통, 지자총통, 현자총통, 황자총통, 별황자총통 등을 두었다.

화장실
2층 뒤편에 있었으며 배설물이 그대로 바다에 떨어지도록 만들어졌다.

바닥
거북선은 바닥이 평평하여 제자리에서도 쉽게 선체를 돌릴 수 있었다. 덕분에 왜선 바로 앞에서 뱃머리를 돌려 나오는 유인술을 쓸 수 있었다.

사진 자료 제공
114p **임진전란도** 서울대학교 규장각한국학연구원
116p **난중일기** 현충사
116p **현충사** 문화재청
117p **한산도** 한국관광공사
117p **명량 대첩 축제** 한국관광공사
117p **노량 해전** 경남 통영 한산도 제승당
118p **황자총통** 국립중앙박물관
118p **현자총통** 국립중앙박물관
118p **천자총통** 국립중앙박물관
119p **거북선 모형** 한국관광공사
119p **해진도** 해군사관학교박물관 소장 ⓒ한국학중앙연구원

마법의 두루마리 3
거북선이여, 출격하라!

ⓒ 강무홍, 이정강, 2023

1판 2쇄 펴낸날 2024년 6월 28일
글 강무홍 **그림** 이정강 **감수** 노영구
편집 이은영 **디자인** 박정아
펴낸이 강무홍 **펴낸곳** 햇살과나무꾼
등록 2009년 07월 08일(제313-2004-54)
주소 서울시 영등포구 당산로54길 11 상가 305호
전화 02-324-9704
전자우편 namukun@namukun.com
ISBN 979-11-976957-4-2(73810)

* 신저작권법에 따라 한국 내에서 보호를 받는 저작물이므로 무단 전재와 무단 복제를 금합니다.